Linguaggio del Corpo

Tecniche Pratiche per Leggere il Linguaggio del Corpo, Distinguere in 45 Secondi le Persone Sincere da quelle False ed Ottenere il SUCCESSO sia nel Lavoro che nella Vita Privata.

SOMMARIO

Introduzione

Sapevate che solo il dieci percento della comunicazione è verbale? Anch'io faticavo a immaginarlo e invece è proprio così.

La maggior parte della nostra comunicazione avviene, attraverso il linguaggio del corpo che fa parte della comunicazione non verbale.

Postura, gesti, movimenti, espressione e mimica ci fanno comunicare in maniera più completa, diretta e incisiva.

Se si conosce il linguaggio del corpo, si riesce a conoscere la persona nel suo insieme.

Attraverso la mimica ad esempio, è possibile scoprire i pensieri e le intuizioni altrui, molto di più che non attraverso le parole.

Di questo più tardi vi svelerò qualche segreto.

Per noi è semplice, riuscire ad esempio a comprendere il linguaggio del corpo degli animali, in quanto non possiamo certamente comunicare con loro attraverso la parola, sarà possibile fare lo stesso con i nostri simili? Gli esseri umani?

La risposta è SI!

Possiamo ottenere tantissime informazioni sulla persona che abbiamo davanti a noi, semplicemente attraverso la mimica facciale, la sua postura o la sua gestualità.

D'altronde si dice che il corpo umano non mente mai.

Quando infatti proviamo a mentire, il corpo ci tradisce facendo trapelare i nostri veri sentimenti, emozioni e pensieri.

Le parole sono molto semplici da controllare, mentre è più difficile controllare la postura e i nostri gesti che sono invece regolati dal subconscio.

Riuscire ad imparare a conoscere e ad interpretare il linguaggio legato al nostro corpo, richiederà impegno, tempo ed esercizio, non si tratta di una cosa così semplice come possa sembrare, ma non è neanche poi così difficile.

Con la giusta dedizione e con l'adeguata pratica, con questo manuale pratico imparerai i principi cardini del linguaggio del corpo, quello che ti serve realmente sapere per migliorare la "tua vita di tutti i giorni".

Il linguaggio del corpo è formato da gesti, che quando si va ad analizzarli non bisogna mai concentrarsi solo su uno di essi, ma vanno analizzati nel loro complesso, in un preciso quadro d'insieme.

Nel mondo ci sono, tantissime differenze culturali, esistono però anche segni che sono universali e riconosciuti da tutti gli esseri umani…

…che comprendiamo e interpretiamo nello stesso modo, per esempio il sorriso esprimere felicità ed apertura, digrignare i denti o stringere i pungi indica rabbia.

Da molti studi è emerso che il linguaggio del copro è la forma più veritiera, potente ed importante di comunicazione.

Solo il sette percento di ciò che comunichiamo agli altri passa attraverso i contenuti del messaggio, il trentotto percento arriva alla persona che ci sta davanti grazie alla comunicazione paraverbale che consiste nel "gioco della voce", attraverso diversi aspetti come la velocità, il ritmo, l'intonazione e le pause.

La fetta più grande della nostra comunicazione è quella che passa attraverso il linguaggio del nostro corpo detto anche non verbale.

Questo linguaggio comprende diversi ambiti e parti del nostro corpo, come ad esempio la mimica facciale, i movimenti del copro, delle mani, dei piedi e delle gambe.

Capitolo 1

Dalla Storia al Presente

"Il Linguaggio che Non Mente"

Facciamo qualche passo indietro nel tempo, vi ho parlato della mimica perché il primo studio del linguaggio del corpo che è stato realizzato proprio sul linguaggio facciale.

L'opera più importante pubblicata prima del '900, è stata quella di Charles Darwin del 1872 "The expression of the emotions in Man and Animals"…

…Esatto Darwin, fu uno dei primissimi a studiare il linguaggio del viso, con Paul Ekman hanno dedicato molti anni della loro vita a questo studio, scoprendo che alcune emozioni come la rabbia, la tristezza e la felicità sono condivise in modo uguale in tutto il mondo e in tutte le culture, infatti tramite le espressioni del volto si può captare se queste emozioni sono espresse in maniera sincera oppure no.

Ekman, fu autore del libro "I volti della menzogna", in questo libro egli racconta e descrive tre modi per leggere e interpretare le emozioni che il nostro volto esprime:

- Assimetria, le due metà del nostro viso, sono coinvolte in maniera diversa, infatti su una metà del nostro l'espressione è più intensa rispetto all'altra metà.

- Tempo, le espressioni sincere durano pochi attimi, un decimo di secondo, se l'espressione dura più di un secondo, questa è una probabile falsa emozione.

- La mimica accompagna le parole, se chi avete di fronte parla in maniera perfettamente sincronizzata a quella che è la sua gestualità molto probabilmente vi sta dicendo la verità!

…Se invece anticipata o posticipata la gestualità alle sue parole, questa non rispecchia la reale espressione verbale e quindi sicuramente vi starà mentendo!

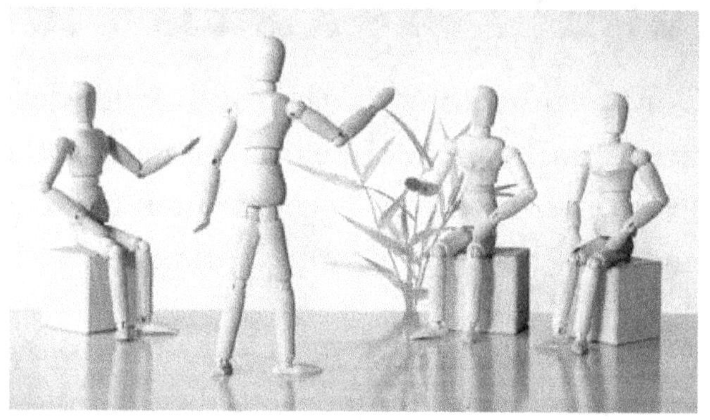

E grazie al nostro Ekman eccoci arrivati alla mimica ovvero ai gesti, che il nostro corpo utilizza per comunicare.

Ci sono gesti, che nel tempo sono diventati universali, ma che secondo le diverse culture a volte possono avere significati diversi da quelli comunemente conosciuti. Eccovi alcuni esempi:

Il segno "OK", ha assunto nel tempo il significato "va tutto bene", ma se lo fate ad un francese, significa "zero", "niente", se lo fate ad un giapponese, invece capirà "soldi".

Il pollice in su che comunemente è conosciuto, come affermazione positiva ma anche come segnale per fare l'autostop, in Nuova Zelanda, Australia e Inghilterra è ritenuto un'offesa, in Grecia è usato per come *senso spregiativo*.

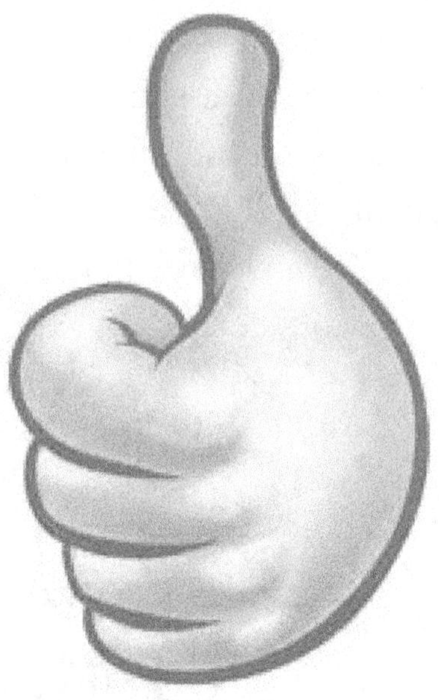

Il segno con le due dita "V", diffuso da Winston Churchill e con il significato di vittoria, in alcuni paesi del mondo è segno di offesa.

Esistono poi dei gesti, che si modificano con l'evolversi dell'età dell'uomo, ad esempio:

I bambini quando mentono, tendono a coprirsi la bocca con le mani in maniera molto appariscente.

Per i ragazzi in età adolescenziale il gesto cambia, la mano sfiora con le dita la bocca.

In età adulta invece il gesto diventa più raffinato e la mano tende a sfiorare il naso con il pollice o con il pugno chiuso.

Il linguaggio del corpo possiede inoltre una sua vera e propria grammatica, infatti, va letto e interpretando rispettando una sintassi, composta da parole, frasi e punteggiatura.

Capitolo 2

I Segnali del Corpo

"In una Visione di Insieme"

Ogni movimento è una parola che assume un significato diverso secondo, l'uso che se ne fa in una frase, nell'analizzare il gesto va tenuto conto della situazione in cui si manifesta.

Lo sfregare le mani ad esempio può avere due significati diversi, quando in una giornata invernale è particolarmente fredda, indica che quella persona sente freddo, lo stesso gesto fatto da una persona mentre esprime un desiderio piacevole è sinonimo di gioia, allegria o di attesa positiva.

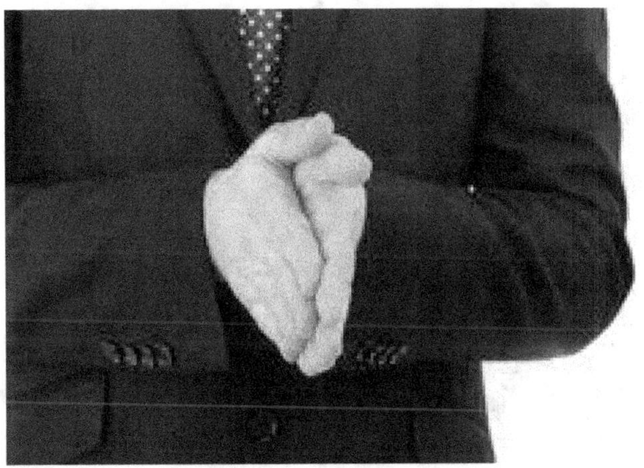

Oltre alla situazione bisogna tenere sempre presente lo spazio che il corpo in questione occupa e con il quale comunica, ovvero secondo i luoghi in cui si è cresciuti e gli usi e le abitudini di quella popolazione, ognuno di noi ha la sua "bolla d'aria".

Anche il numero di abitanti di un determinato territorio incide con il linguaggio del corpo, ad esempio nella cultura orientale dove c'è un'alta densità di abitanti e gli spazi sono ristretti, le distanze tra gli uomini tendono ad essere più ravvicinate, la privacy ha un raggio ridotto in maniera del tutto naturale rispetto all'occidente, dove viviamo in ambienti più aperti e di conseguenza preferiamo tenere una certa distanza tra di noi.

Ecco più dettagliatamente come si dividono le bolle d'aria:

- **Area intima** intesa come area che può

essere occupata solo da persone con le quali si condivide un rapporto intimo (amici stretti, genitori, innamorati ecc...)

- **Area personale** intesa come distanza che ci separa dagli altri in una situazione abituale (riunione di lavoro, uscite, conoscenti, feste ecc...)

- **Area sociale** ovvero la distanza fra noi e un estraneo con cui intraprendiamo un dialogo.

- **Area pubblica** cioè quella distanza che scegliamo di avere in una classica situazione in cui ci troviamo in posti aperti al pubblico.

Capitolo 3

Il linguaggio della distanza

"La Prossemica"

E siamo arrivati alla prossemica, una tra le più rilevanti "lingue del corpo", la prossemica è la disciplina che studia i gesti, il comportamento, lo spazio e le distanze all'interno di una comunicazione, sia verbale che non verbale.

La distanza personale, è "la bolla" di cui si parlava nel capitolo precedente, questa bolla punta a proteggerci inconsciamente dagli altri.

Il nostro spazio personale va dal mezzo metro ai 3 metri, in tutte le direzioni, quanto più qualcuno entra nella nostra zona personale avvicinandosi a quella intima, tanto più è alto il grado di fiducia di quella persona.

Solo poche persone posso scendere sotto la soglia dei 50 centimetri di distanza da noi, solitamente genitori, figli, migliori amici e amorosa, analizziamo meglio le varie tipologie di distanze:

"La distanza personale"

La distanza personale è quella che viene mantenuta con i conoscenti, come ad esempio i colleghi di lavoro, nella nostra cultura la distanza personale solitamente non scende mai sotto i settanta centimetri. Questo significa che parliamo con quella persona, scherziamo, ci diamo le pacche sulle spalle, ma non permettiamo che si introduca nel nostro spazio intimo.

Nel caso in cui la distanza personale diminuisca improvvisamente, avvertiamo un certo fastidio come un segnale di allarme, in quanto il nostro spazio è stato "invaso".

Un altro caso in cui viene ridotto lo spazio personale è quando siamo seduti o camminiamo vicino ad un'altra persona con il quale non si hanno dei legami, ad esempio durante una lezione all'università, ad una riunione di condominio o mentre si attraversa la strada.

La persona vicino a noi è ammessa momentaneamente nel nostro spazio personale senza che sia percepita come una minaccia, può comunque causare una certa irritazione se troppo vicina.

Lo studio della distanza che le persone prendono le une dalle altre, è quindi chiamato **prossemica**. La prossemica è, di fatto, un aspetto fondamentale del linguaggio del corpo e della sua azione.

Possiamo tranquillamente affermare che "lo

spazio personale è considerato la quantità di spazio che la gente trova giusto mantenere tra sé e le altre persone che le sono vicine in quel momento".

La quantità dello spazio e la distanza dipendono da moltissimi fattori alcuni dei quali sono legati ad esempio all'educazione ricevuta, alla propria cultura personale e di provenienza, alla situazione che viviamo in quel momento e al tipo di relazione con la persona che abbiamo davanti a noi. Nella nostra cultura occidentale sono distinte ben cinque posizioni di spazio personale:

1. **"Spazio intimo"**

In una distanza, che è tra lo zero e i quindici centimetri, troviamo quello che è definito **lo spazio intimo**, cioè quello spazio che viene ad esempio riservato alle persone che amiamo, o con le quali abbiamo una relazione intima.

2. "Spazio intimo allargato"

In una distanza che sta tra i quindi e i quarantacinque centimetri troviamo lo **spazio intimo allargato,** si tratta sempre di una zona intima ma con un raggio di spazio leggermente più allargato, ad esempio con gli amici intimi o con le persone con le quali facciamo delle attività di tipo sportivo od artistico.

3. "Spazio conoscenti"

Lo spazio personale che sta tra i quarantacinque e i centoventi centimetri, è lo spazio riservato ai conoscenti che possiamo definire "amici non fraterni". Quindi tutte quelle persone con le quali scambiamo un semplice saluto o qualche battuta, senza però condividere momenti importanti con loro.

4. "Lo spazio sociale"

Lo spazio sociale invece che sta da un metro e venti in su, quello che ammettiamo nelle nostre relazioni sociali e professionali, dove c'è interazione, ma non c'è un contatto fisico, eccetto alcuni casi come le strette di mano o le pacche sulle spalle. Pensiamo ad esempio quando siamo a fare una passeggiata e una persona involontariamente urta contro di noi, magari ci tenderà la sua mano per porci le sue scuse.

5. "Lo spazio pubblico"

Lo spazio pubblico è quello oltre i due metri e mezzo, ovvero quella distanza che manteniamo quando non vogliamo interagire con quella persona o quando qualcuno ci sta creando un senso di disagio.

Capitolo 4

I Meccanismi che ci Influenzano
"La Legge delle Distanze"

"Stati d'animo e distanze"

La distanza che usiamo per avvicinarci agli altri e per lasciarci avvicinare, è influenzata anche dal nostro carattere personale, dal nostro umore e dalla posizione della nostra scala sociale.

Se siamo felici per una bella notizia che abbiamo appena ricevuto, permettiamo che all'improvviso le distanze delle persone che ci stanno intorno diminuiscano, lasciandosi anche abbracciare (ad esempio quando segna la nostra squadra del cuore).

Quando invece siamo irritati la vicinanza di qualcuno ci può infastidire anche se si trova oltre la distanza personale, se ci fanno arrabbiare e abbiamo un carattere estroverso, tendiamo ad invadere lo spazio della persona che ci ha fatto innervosire mettendolo quindi a disagio.

Se sei una persona ansiosa, ti avvicinerai di più ai tuoi interlocutori, per cercare di trovare approvazione da loro, noterai che loro potrebbero allontanarsi per riprendere la loro distanza, se tu proverai a riavvicinarti nuovamente potrebbero mostrare un senso di "fastidio" ben visibile dal loro viso.

Se sei una persona Estroversa per natura tenderai ad avere una distanza personale più breve, ti lascerai avvicinare con più disinvoltura e naturalezza, mentre chi è Introverso avrà delle distanze solitamente più lunghe dovute alla diffidenza e alla timidezza.

"Il ruolo all'interno della società"

Anche il ruolo che si ricopre nella società incide molto sulle nostre distanze. Un superiore vuole che l'impiegato mantenga sempre una certa distanza nei suoi confronti, ma al contrario si avvicinerà al loro spazio personale senza farsi troppe paranoie, questo avviene anche nell'esercito, dove un avvicinamento incauto può causare punizioni.

"Le distanze al buio"

Tutto ciò di cui vi ho detto fino ad ora riguarda per la maggior parte ambienti che viviamo ogni giorno all'interno della nostra routine quotidiana quando c'è della luce che ci permette di vedere in maniera ottimale le persone che ci troviamo di fronte.

Se improvvisamente ci dovessimo trovare al buio scopriremmo che l'approccio della distanza personale cambia radicalmente. La presenza del buio o della poca luce innesca un meccanismo automatico che accorcia le distanze accettate.

Questo ad esempio avviene in discoteca, dove con le luci basse si balla molto vicini, se le luci però vengono improvvisamente accese ci troveremmo in imbarazzo e tenderemo a riprendere subito la giusta distanza.

Ci sono poi situazioni eccezionali come abbiamo accennato in precedenza, ad esempio un concerto, una partita allo stadio o una manifestazione di piazza, durante le quali accentiamo l'invasione del nostro spazio personale, poiché tutto questo è imposto da regole culturali di condivisione in quel determinato momento.

Come facciamo a capire quando siamo andati oltre "la distanza minima" della persona che ci troviamo vicino?

L'altra persona comincerà a lanciarci tutta una serie di segnali, che ci dicono che stiamo superando lo spazio di confine a noi concesso dalla sua distanza personale, comincerà ad esempio a mettere una barriera come una borsa, un giornale oppure incrocerà le braccia.

Proverà ad indietreggiare istintivamente per stabilire una giusta distanza.

Non sottovalutate mai questo tipo di segnale, non insistete nel vostro atteggiamento l'latra persona potrebbe intimorirsi ed irritarsi, diventando addirittura aggressiva.

"La legge delle distanze" è grande rivelatrice dell'indole umana, conoscerla può spiegare molti comportamenti in apparenza atipici, come improvviso nervosismo, che ci assale quando siamo in mezzo ad una folla o il fastidio che proviamo quando una persona ci urta inavvertitamente...

…possiamo quindi definire la distanza come uno degli elementi fondamentali della comunicazione non verbale, come tutti gli altri aspetti va contestualizzato, ed è un ottimo strumento per conoscere meglio le persone che ci sono vicine e con cui abbiamo a che fare ogni giorno, come i nostri colleghi, amici e conoscenti

.

Capitolo 5

Il linguaggio della Seduzione

In ambito amoroso, il corteggiamento, l'attrazione fisica e la seduzione fra uomo e donna si fondano totalmente sulla gestualità del corpo.

Accavallare le gambe, toccarsi i capelli, toccare il braccio dell'interlocutore o avvicinarsi a lui, hanno un grande significato a livello soprattutto psicologico…

…possono sembrare in effetti gesti molto semplici, ricordatevi però che tutti questi gesti hanno un grande significato dal punto di vista emotivo.

Quindi è fondamentale conoscere il significato dei vari messaggi non verbali per capire le reali intenzioni della persona che ci piace, oppure intuire semplicemente se la nostra dolce metà ci sta mentendo.

Apprendere l'interpretazione della gestualità femminile e maschile è di vitale importanza per riuscire ad avere un quadro completo di chi abbiamo di fronte, per agire al meglio e per conquistare o tenersi vicino la persona che si desidera.

Sedurre è come giocare una partita a scacchi, bisogna sapere, conoscere e studiare bene le prossime mosse che andremo a fare per raggiungere il nostro obbiettivo.

Un atteggiamento sicuro e positivo, come in ogni situazione è certamente l'arma migliore da mettere in campo, per entrare in contatto con nuove persone e poter creare dei solidi legami.

Per poter fare questo è fondamentale, stare bene con se stessi, avere una buona auto stima ed amarsi.

Se non riesci ad amare te stesso, come possono farlo secondo te gli altri?

Impariamo ad amarci ed amare attraverso piccoli gesti, in fin dei conti non si dice sempre che "in amore a contare veramente sono le azioni, le dimostrazioni, e non le parole che si dicono al vento".

La gestualità è quindi essenziale in questo ambito, l'amore nasce da un gioco di sguardi tra le persone che non si conoscono ancora e da tutta una serie di sensazioni che non possono certamente essere tradotte con le parole, ma che possiamo spiegare solamente solo con i gesti.

Come possiamo leggere il linguaggio del corpo in campo amoroso?

La parte della comunicazione non verbale è molto importante nelle relazioni umane, sia in ambito lavorativo sia in ambito della nostra vita privata.

In particolar modo assume un ruolo importante nel rapporto, tra uomo e donna, infatti, il linguaggio del corpo dell'uomo e della donna si differenziano notevolmente l'uno dall'altro.

Abbiamo parlato della "prossemica", la disciplina che studia le distanze all'interno delle relazioni di vicinanza.

Ora ti voglio raccontare il linguaggio del corpo

che parla dell'attrazione (se in questo momento sei seduto con il corpo in avanti e magari stai anche annuendo, allora è possibile che questo argomento sia di tuo interesse).

Ma tornando a noi, come possiamo ad esempio percepire se un uomo è interessato a una donna o viceversa?

Quando uomo e donna iniziano a corteggiarsi, ad interessarsi l'uno dell'altra, il linguaggio del loro corpo si modifica e comincia ad inviare segnali ben precisi alla persona che le sta di fronte, questo è il momento in cui inizia la vera fase del corteggiamento.

Più avanti analizzando i segnali del corpo nella loro pratica, vi darò anche qualche informazione utile per comprendere meglio l'affascinante mondo della gestualità all'interno della seduzione.

Capitolo 6

La Cinestetica, un Connubio Indivisibile tra Parola e Gestualità

Ci sono delle persone che usano dei linguaggi del corpo molto ben studiati e ben pensati…

…Ad esempio professioni, in cui è necessario sapersi comportare in un determinato modo, che applicano una recitazione consapevole, talmente ben studiata, da sembrare reale.

Un esempio di persone che utilizzano queste tecniche, sono gli attori e i politici.

Nel caso dei secondi è fondamentale avere un grandissimo controllo, sono sotto gli occhi di tutti e non è concesso il minimo errore, che potrebbe essere disastroso per la propria carriera.

Queste persone si avvalgono del supporto di Esperti eccelsi del linguaggio verbale e non verbale, che gli insegnano il miglior modo in cui devono comportarsi, nei minimi dettagli e si allenano con loro prima di ogni discorso in pubblico.

Anche chi fa il venditore di mestiere è un professionista formato, in grado di interpretare una vera e propria parte, se ad esempio vogliono vendervi una nuova auto, per poterlo fare useranno tutta una serie di tecniche specifiche dove nulla è lasciato al caso.

La Cinesica è la scienza che si occupa dello studio del linguaggio del corpo umano. Ricordatevi che modificare e falsificare il linguaggio del nostro corpo a proprio piacimento è praticamente impossibile, servirebbero un autocontrollo e una consapevolezza di tutti i muscoli del nostro corpo in ogni singolo istante.

Il corpo invece parla dicendo sempre la verità, in quanto noi non possiamo mai controllarlo al 100%. Un bravo osservatore, è in grado di poter individuare se è presente una discordanza tra quello che dice la bocca e quello che invece comunica il corpo.

La cinesica è quindi lo studio di quella parte della nostra comunicazione che viene definita paraverbale, e che fa parte della comunicazione del linguaggio del corpo, questa comunicazione studia la postura, i gesti, mimica facciale, mimica corporea e i tic.

Tutti questi movimenti accompagnano la comunicazione verbale, Sottolineando dei passaggi, rivelando delle emozioni e arricchendo la conversazione.

In parte è cosi, la verità però è che questo complesso di gesti è funzionale alla comunicazione verbale stessa, comunicazione verbale e paraverbale sono strettamente collegate insieme, e vanno in aiuto l'una dell'altra.

Diversi studi hanno dimostrato questa affermazione attraverso degli esperimenti che consistevano nell'immobilizzare gli individui mentre parlavano.

Il fatto di non poter attingere al lato della comunicazione non verbale, faceva diminuiva fortemente la capacità del soggetto ad esprimersi. Le persone ad esempio avevano molta difficoltà a trovare i termini corretti per esprimersi, potandoli in breve tempo all'uso di un linguaggio che potremmo definire elementare, con ricorrenti errori di pronuncia, come se i soggetti analizzati fossero in una sorta di "stato confusionale".

La mimica corporea e la gestualità che assumiamo mentre parliamo hanno un'importanza fondamentale e ben precisa, infatti quando tentiamo di comunicare attraverso le parole, la mente richiama a se tutte le informazioni che a quelle parole sono legate proprio attraverso la gestualità…

…Questo fa in modo che non sia solo l'area del nostro cervello preposta alla linguistica ad essere interessata, ma anche tutte le aree riservate alle attività motorie, dove sono immagazzinate azioni collegate a determinati nomi e parole.

Capitolo 7

Dalla Teoria alla Pratica, le più Importanti Tecniche di Lettura del Linguaggio del Corpo

La comunicazione non verbale è difficile da decifrare, il linguaggio del corpo non è una scienza esatta. Ci sono alcuni segnali però che in modo abbastanza certo, fanno trasparire un significato ben preciso.

Chi studia questi segnali, li ordina per comodità in gruppi e sottogruppi. In questa guida pratica, farò la stessa cosa anche io per velocizzare il tuo processo di apprendimento.

Parleremo dei segnali analizzandoli per singole parti del corpo:

- Occhi;

- Bocca;

- Testa;

- Braccia;

- Mani;

- Strette di mano;

- Gambe e Piedi;

- Spazio personale.

(Sei stai muovendo velocemente la testa allora sei impaziente di cominciare a conoscere ciò di cui sto parlando).

La comunicazione degli occhi

Gli occhi hanno un'enorme importanza nel linguaggio del corpo, pensa che siamo in grado di stabilire un contatto visivo con un altro essere umano anche a trenta o quaranta metri di distanza.

La relazione tra occhi e cervello è molto stretta, se state creando qualcosa ovvero siete in una fase creativa, tenderete a guardare verso destra, se invece state ricordando qualcosa, allora il vostro sguardo tenderà ad andare a sinistra.

Ecco la lettura dei segnali che mandiamo agli altri attraverso gli occhi:

- **"Guardare a destra"**

Guardare a destra indica, creare, fabbricare con l'immaginazione, ma anche mentire in molti casi, guardare a destra leggermente verso il basso vuol dire che si sta attingendo alle proprie emozioni, determinati sentimenti stanno attraversando la mente in quel determinato momento.

- **"Guardare a sinistra"**

Guardare a sinistra significa usare la memoria, si ricordano fatti specifici, se a sinistra verso l'alto invece si indica sicurezza.

- **"Contatto visivo"**

Il contatto visivo fa preso "con le pinze" perché può indicare in alcuni casi onestà, ma è usato molto più spesso da chi vi sta mentendo, se a mantenere il contatto visivo è qualcuno che invece di parlare sta ascoltando allora indica interesse o attrazione fisica.

- **"Sgranare gli occhi"**

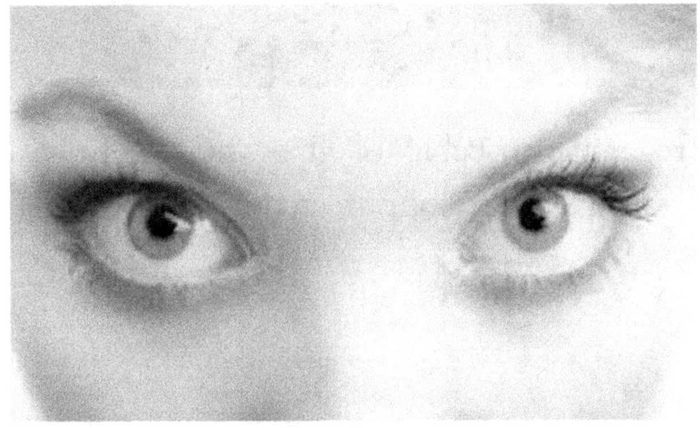

Sgranare gli occhi è segnale d'interesse molto spesso di tipo sessuale, eccitazione e desiderio, in altri casi qualcosa di stupefacente che si è appena appreso. Quindi è molto importante contestualizzare la situazione e adattare il linguaggio del corpo a quel preciso momento che si sta vivendo.

- **"Sfregarsi gli occhi"**

Sfregarsi un occhio o gli occhi può indicare sorpresa, stupore oppure stanchezza.

- **"Occhi al cielo"**

Alzare gli occhi al cielo significa frustrazione o rassegnazione.

- **"Sbattere le ciglia"**

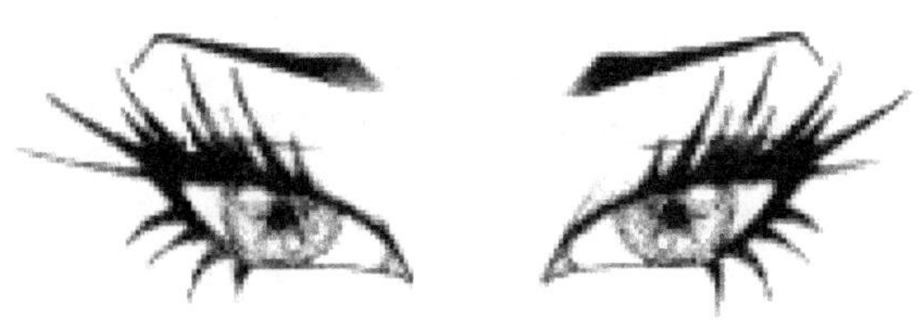

Sbattere le ciglia indica eccitazione o agitazione, se occhi fissi indicano concentrazione, se rivolti direttamente contro qualcuno ostilità;

- **"Alzare le sopracciglia"**

Alzare le sopracciglia o un solo sopracciglio è un segnale di saluto amichevole quando l'azione è di breve durata, mentre se le sopracciglia restano sollevate più a lungo allora indica sorpresa oppure perplessità;

La comunicazione della bocca

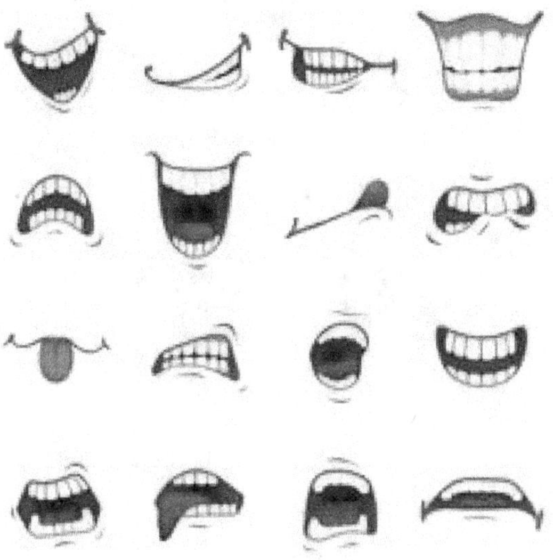

La bocca produce molti segnali del linguaggio del nostro corpo. Il sorriso è uno dei primi segnali di apertura verso il prossimo, sappiate che esistono molti tipi di sorrisi che noi esseri umani possiamo fare e alcuni di essi indicano persino il rifiuto di chi abbiamo di fronte

"Sorriso finto"

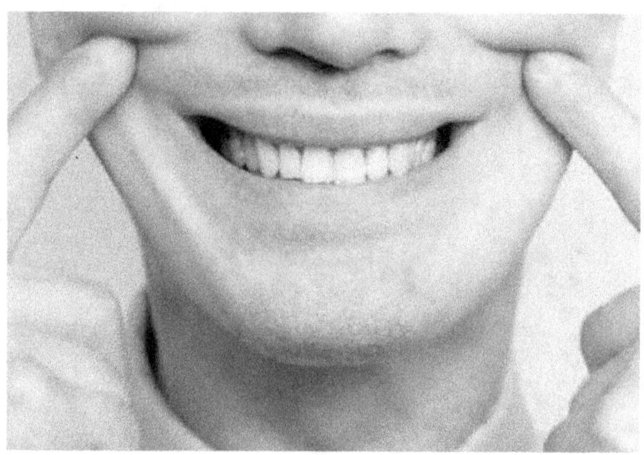

Sorridere solo con la bocca senza coinvolgere l'espressione delle altre parti del visto (come gli occhi) è un sorriso falso non indica assolutamente sincerità;

"Sorriso a denti stretti"

Sorridere a denti stretti indica antipatia, rifiuto, diffidenza.

"Sorriso storto"

Sorridere in maniera asimmetrica, in altre parole con un solo lato della bocca indica sarcasmo o contrasto.

"Sporgere il labbro inferiore"

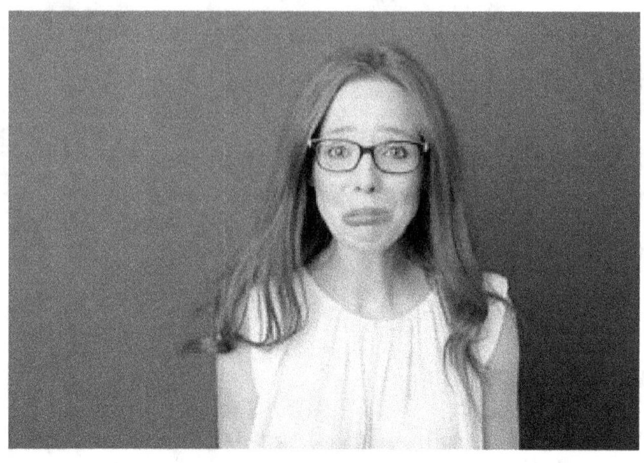

Sporgere il labbro inferiore si è irritati o si sta quasi per piangere;

"Sorridere a bocca aperta"

Ridere a bocca aperta, accompagnando la risata con dei movimenti del corpo, significa che siamo a nostro agio

"Mordersi le labbra"

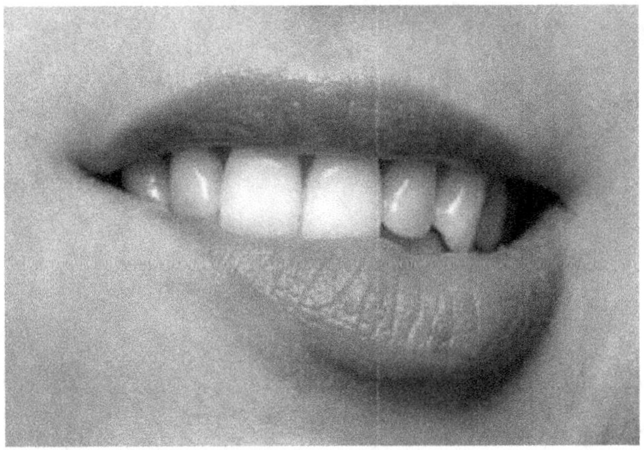

Mordersi le labbra significa essere nervosi oppure tesi, in determinati casi mordicchiarsi le labbra è segno di eccitazione sessuale.

"Digrignare i denti"

Digrignare i denti significa essere preoccupati, essere in uno stato di ansia oppure avere paura;

"Masticare una penna"

Masticare una penna o una matita è un gesto ci fa sentire sicuri.

"Lingua al centro della bocca"

Mettere la lingua al centro della bocca significa rifiutare qualcosa, lo facciamo quanto mettiamo in bocca qualcosa che non ci piace.

"Mani davanti la bocca"

Tapparsi la bocca con una o due mani è un gesto inconsapevole che indica stupore oppure imbarazzo, come se volessimo bloccare le parole per non esprimere qualcosa di sbagliato.

"Mangiarsi le unghie"

Mangiarsi le unghie indica stress, stati di ansia oppure di frustrazione, per alcune persone rappresenta un modo di aggressione verso se stessi.

I Movimenti della Testa

La testa determina la direzione del corpo, è anche una parte molto vulnerabile perché contiene il cervello. Essa si poggia su una struttura flessibile che è il nostro collo…

…la testa si muove in tutte le direzioni e a tutti questi movimenti sono associati dei significati del linguaggio del corpo ben precisi:

"Annuire"

Annuire in maniera naturale con la testa significa che siamo in accordo con la persona con cui stiamo parlando, ma attenzione se lo si fa troppo lentamente si tratta di un segno di falsità, se si annuisce invece troppo velocemente è segno di impazienza.

"Testa in alto"

Alzare o sollevare la testa verso l'alto sono segno di superbia, di arroganza, in alcune circostante indica però anche il coraggio e il fatto di essere vigili.

"Esporre il collo"

Inclinare la testa da un lato sporgendo il collo è un segno di sottomissione, ma se lo si fa con una persona che appartiene alla nostra "bolla intima" allora è un segno di fiducia.

"Testa in avanti"

Se state leggendo queste mie righe con la testa in avanti significa che siete interessati e che siete positivi in questo momento.

"Testa bassa"

Quando teniamo la testa verso il basso, invece significa che stiamo subendo un rimprovero oppure che ci troviamo in uno stato di vergogna, di abbandono, di sconfitta.

"Scuotere la testa"

Scuotere la testa, in modo vigoroso, significa che siete in completo disaccordo con la persona che sta comunicando con voi.

Il Movimento delle Braccia

Tra gli indicatori maggiormente rilevanti dei nostri stati d'animo ci sono indubbiamente le braccia!

"Braccia Serrate"

Le braccia serrate sono segno di difesa, chiusura verso il nostro interlocutore.

"Braccia aperte"

le braccia aperte, tenendo i palmi aperti avanti a sé, significano sicurezza e apertura verso l'interlocutore che si ha di fronte.

Adesso vediamo gli altri segnali che comunichiamo con il linguaggio del corpo associato alle braccia in simbiosi con altre parti del corpo.

"Braccia e gambe incrociate"

Incrociare braccia e gambe sono segno che siamo sulla difensiva, se i pugni sono chiusi ecco questo è un chiaro segno di nervosismo e di ostilità nei confronti di chi ci sta davanti

"Incrociare un braccio sull'altro"

Incrociare un braccio sull'altro, è un gesto che indica sia nervosismo, ma anche auto protezione, questo gesto è più frequente da parte delle donne.

"Braccia all'indietro"

Portare le braccia dietro la nuca con le mani giunte, è un segno che indica consapevolezza, forza e sicurezza d'animo.

"Mano vicino ai genitali"

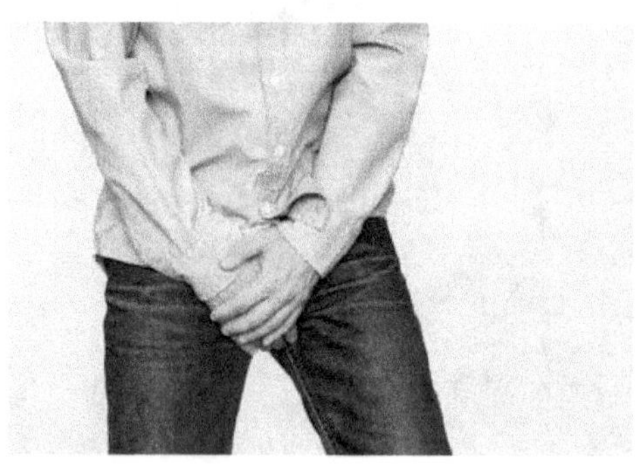

Tenere il braccio davanti al corpo, con la mano vicino ai genitali, indica difesa, auto protezione. Ovviamente questo è un gesto di natura maschile.

Il linguaggio delle Mani

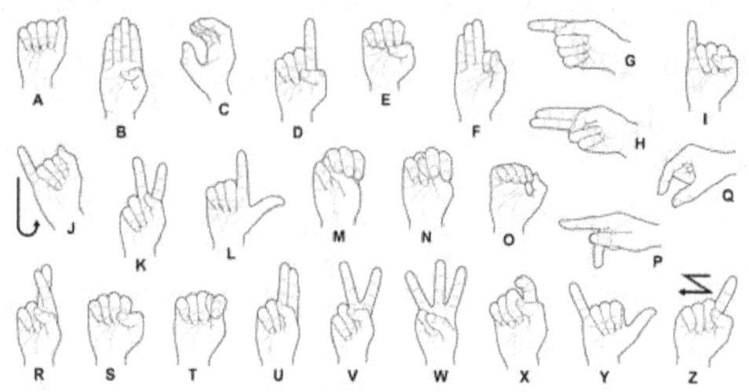

Le mani sono le parti che coinvolgono maggiormente il linguaggio del nostro corpo, il loro spettro di movimenti è davvero ampio, esse tendono a interagire con molte altre parti del corpo…

…la gestualità delle nostre mani inoltre rispondono solo in parte ad un'azione di tipo volontario, il più delle volte esse compiono movimenti *involontari*, uno di questi ad esempio è toccarsi il naso.

Invece uno degli esempi di segnali *volontari* che facciamo con le nostre mani è l'okay con il pollice in SU, oppure le usiamo per fare il gesto del saluto, usiamo le mani in modo volontario anche quando ad esempio vogliamo esprimere la grandezza di un oggetto.

Ma adesso passiamo subito alla pratica, analizzando una serie di movimenti delle mani che svelano interessanti stati d'animo dell'interlocutore che abbiamo davanti a noi!

"Palmo della mano verso l'alto"

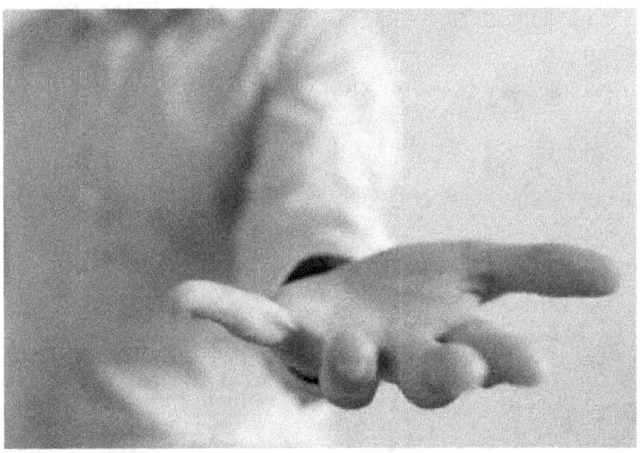

Alzare il palmo aperto verso l'alto, è un segnale di chiara sottomissione, significa anche onestà, il non avere nulla da nascondere.

"Mano al cuore"

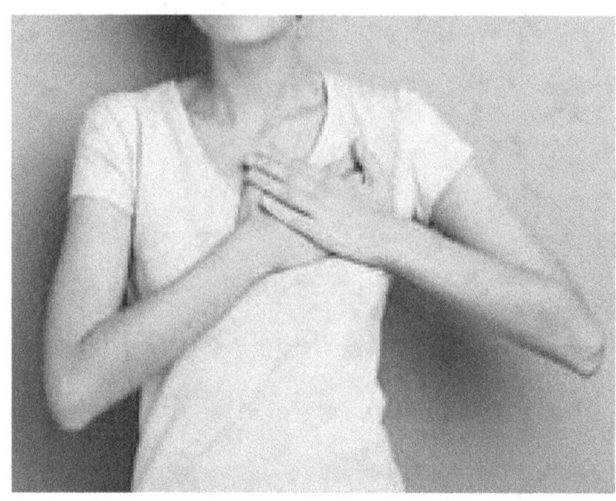

Mettere una sola o entrambe le mani sul cuore è segno di sincerità, rappresenta anche la volontà di essere creduti

"Puntare il dito"

Puntare il dito verso una persona è un chiaro segno di minaccia, rappresenta desiderio di aggressione, oppure di dominazione puntare il dito verso l'alto è il tipico segno di una persona che vuole aggiungere enfasi a ciò che sta dicendo all'interno del suo discorso.

"Scuotere l'indice"

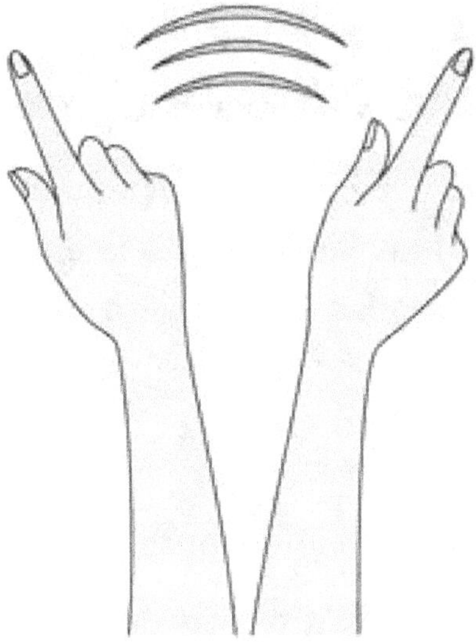

Muovere l'indice da un lato all'altro è il gesto che indica il rifiuto di qualcosa che ci stanno comunicando, la non volontà di compiere quell'azione.

"Formare un triangolo con le dita"

Appoggiare le punta delle dita di una mano su quelle dell'altra mano, formando un triangolo è il segnale che stiamo riflettendo su qualcosa di non semplice o che stiamo spiegando qualcosa di molto importante e di non facile comprensione, attraverso questo gesto aumentiamo a livello inconscio il nostro stato di concentrazione e di riflessione;

"Palmi delle mani rivolte verso il basso"

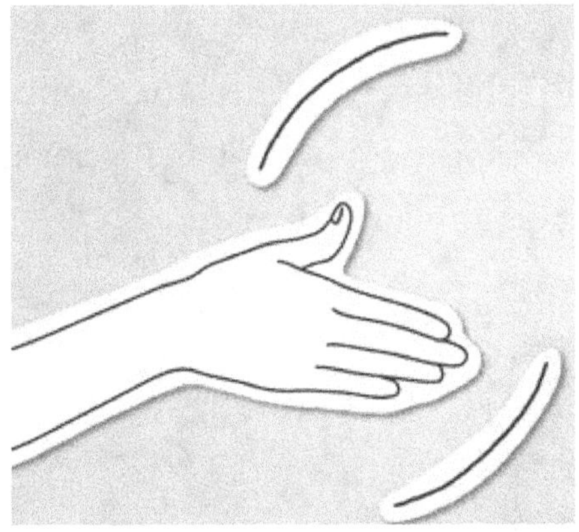

Muovere i palmi delle mani rivolti verso il basso su e giù è il gesto a cui ricorriamo quando indichiamo di mantenere la calma a qualcuno, lo usano spesso le maestre nei confronti degli alunni a scuola.

"Strofinarsi le mani"

Strofinare le mani insieme lo facciamo quando siamo in attesa di una notizia positiva che sappiamo che sta per arrivare, oppure è un gesto che esprime gioia e felicità per qualcosa di bello che abbiamo ricevuto.

"Toccarsi il naso"

Toccarsi o grattarsi il naso con le mani mentre si parla significa che ci stanno mentendo oppure che ci stanno raccontando un qualcosa esagerando i fatti rispetto a quella che è la realtà.

"Tapparsi le orecchie"

Tapparsi le orecchie con le mani corrisponde ad un gesto di rifiuto ad esempio, il non voler sentire qualcosa, il non accettare un suono fastidioso o semplicemente il non accettare qualcosa di brutto che ci stanno dicendo.

"Toccarsi il lobo"

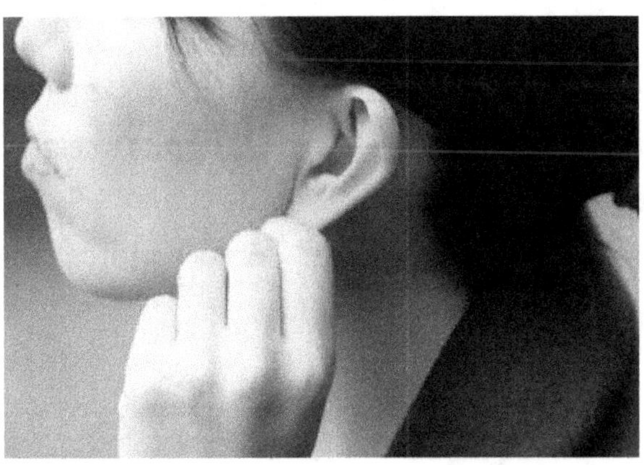

Toccarsi il lobo invece è segno di nervosismo, cerchiamo di scaricare il nervoso maneggiando impulsivamente il nostro lobo destro, mentre i mancini tendono a toccarsi quello sinistro.

"Accarezzarsi il mento"

Accarezzarsi il mento con le mani, significa che si sta pensando e riflettendo intensamente su qualcosa, se la mano sorregge il mento significa che si sta riflettendo sul da farsi, se questa azione è prolungata nel tempo indica anche stati di noia e stanchezza.

"Grattarsi il collo"

Grattarsi il collo è indice dell'essere dubbiosi ed ha anche significato di incredulità.

"Stringere il pugno"

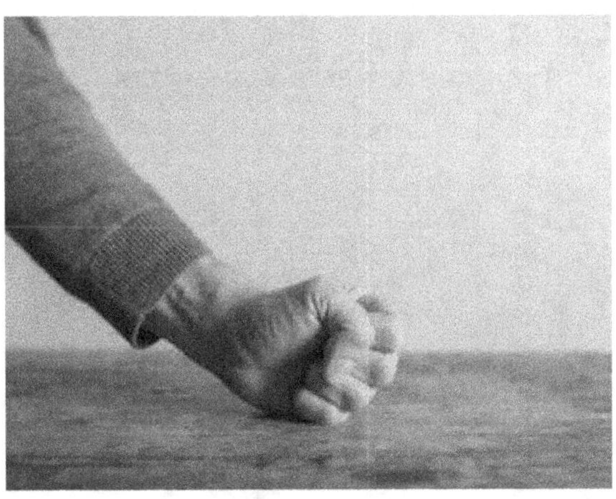

Stringere il pugno indica uno stato d'ansia, di preoccupazione, soprattutto quando viene fatto ruotare più volte in maniera veloce.

"Mani in tasca"

Mettere le mani in tasca è sintomo di noia, di rifiuto e di disinteresse.

La stretta di mano

La stretta di mano è un indicatore che ci racconta molto di noi e di chi incontriamo.

"Stretta di mano vigorosa"

Stringere le mani con fermezza e vigore indica

con certezza che siamo in presenza di una persona di carattere che vuole trasmetterci l'entusiasmo e la sua energia positiva.

"Stretta di mano dolorosa"

Fate attenzione però alla forza utilizzata dalla persona che avete di fronte, una stretta di mano esageratamente forte, quasi da farvi male potrebbe mascherare il tentativo di nascondere la propria debolezza, oppure nascondere intenzioni ostile nei vostri confronti, come ad esempio desiderio di farvi del male.

"Stretta di mano debole"

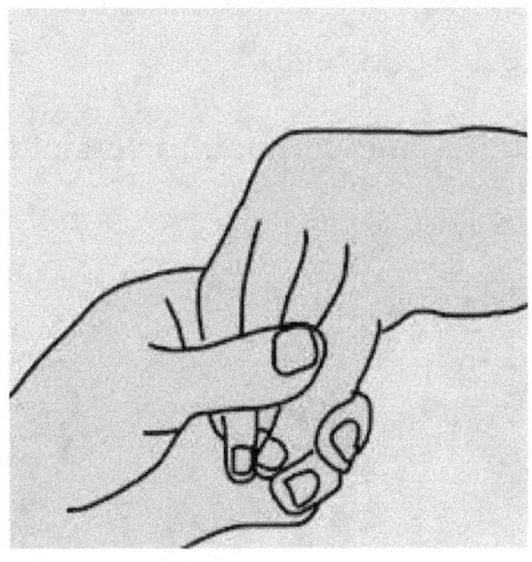

Una stretta di mano debole indica che il nostro interlocutore è molto timido, o che non è completamente a suo agio in quel determinato momento.

"Stretta di mano a palmo basso"

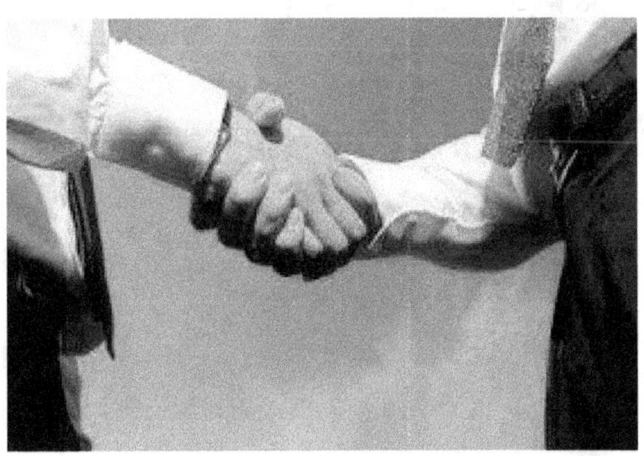

La stretta di mano con il palmo verso il basso indica la volontà di dominanza di voler prendere il sopravvento.

"Stretta di mano con palmo verso l'alto"

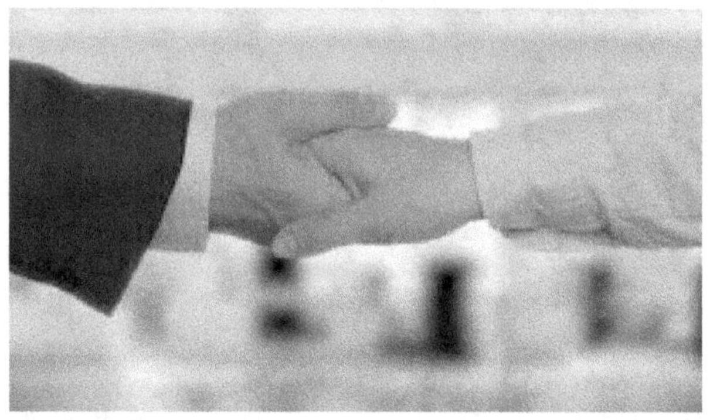

La Stretta di mano con palmo verso l'alto, indica la volontà di essere aperti ed ospitali.

"Stretta a due mani ATTENZIONE"

La stretta di mano a due mani indica in pochissimi casi l'onestà della persona che ci sta davanti, ma nella maggioranza dei casi invece indica la volontà di controllarci, se non è un vostro caro amico di cui vi fidate ciecamente, allora **dubitate fortemente di quella persona perché vista MENTENDO!**

Il linguaggio delle gambe e dei piedi

Gambe e piedi anche loro forniscono ottimi indizi su nostri sentimenti e stati d'animo, bisogna però porre molta attenzione per saperne leggere con esattezza tutti questi segnali…

…Tenete presente che sul linguaggio delle gambe incidono in maniera rilevante, il genere, ad esempio l'uomo tende di solito a tenere da seduto le gambe più distese rispetto alla donna, l'educazione e l'età sono altri fattori fondamentali, gli anziani tendono a tenere le gambe più strette quando sono seduti.

"Gambe Incrociate"

Le gambe incrociate da seduti indicano prudenza e riservatezza, ciò vale sia nell'uomo che nella donna.

"Gambe aperte"

Gambe leggermente aperte da seduti indicano apertura e disponibilità, anche questo segnale vale allo stesso modo sia per gli uomini che per le donne.

"Gambe chiuse parallele"

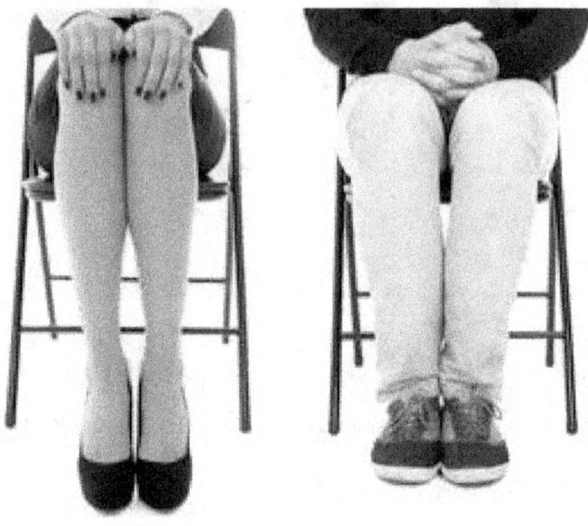

Gambe parallele con ginocchia ben chiuse, indica un atteggiamento di buona educazione e di rispetto, segnale leggermente più incisivo da parte delle donne.

"Ginocchia puntate"

Puntare le ginocchia da seduto verso qualcuno con le gambe incrociate significa essere interessati a quella persona (attrazione sessuale), questo è un genere di segnale prettamente femminile.

"Gambe a croce"

Se il nostro interlocutore tende a chiudere le gambe a croce siamo in presenza di una persona dal carattere aperto, disponibile a capire la nostra posizione.

"Gambe aperte da seduto"

Le gambe aperte da seduti sono un segnale che indica un sentimento di arroganza, ma anche forte fiducia in sé stessi, in determinate circostanze se è una donna ad assumere questa posizione significa esplicitamente interesse sessuale.

"Stringere le ginocchia con le mani da seduti"

Se il vostro interlocutore si stringe le ginocchia da seduto con le mani, significa che è sulla difensiva, oppure che sta vivendo un momento di disagio.

Capitolo 8

Linguaggio del corpo nel mondo del lavoro

In ambito del lavoro il linguaggio del corpo è davvero importante, **oserei dire fondamentale**.

Durante il colloquio di lavoro serio, chi fa parte della selezione del personale, fa molta attenzione ai movimenti e a ciò che non diciamo con la parola ma con i segnali del corpo.

A parità di competenze, verrà assunta con una

probabilità maggiore del 97% una persona che sarà rilassata e sicura di se, rispetto ad una persona che evidenzia insicurezza e agitazione.

Vi elenco ora alcuni segnali che sono sinonimo di insicurezza durante un colloquio di lavoro, ma anche nella vita di tutti i giorni:

"Toccarsi i capelli"

Toccarsi i capelli o il viso è uno dei gesti più comuni che ci indicano che siamo nervosi, spesso lo facciamo senza nemmeno rendercene conto. Durante un colloquio di lavoro, il reclutatore lo noterà immediatamente, nel suo lavoro questa è la prima cose che osserverà.

"Strofinarsi gli occhi"

Strofinarsi gli occhi, è un movimento fastidioso anche a livello visivo per l'interlocutore, quindi molto meglio evitare!

In situazioni di grande stress oppure di ansia è normale avere dei piccoli tic, ma ricordatevi bene che è importantissimo saperli riconoscere e quindi controllarli in determinate situazioni, come quella di un colloquio di lavoro, proprio per questo **evitate questi altri gesti** mostrano il nostro disagio verso chi ci sta esaminando:

Giocare con il coletto della camicia.

Maneggiare la chiusura della borsa.

Toccarsi l'orologio in modo ossessivo.

Muoversi in continuazione ed agitarsi sulla sedia durante il colloquio di lavoro.

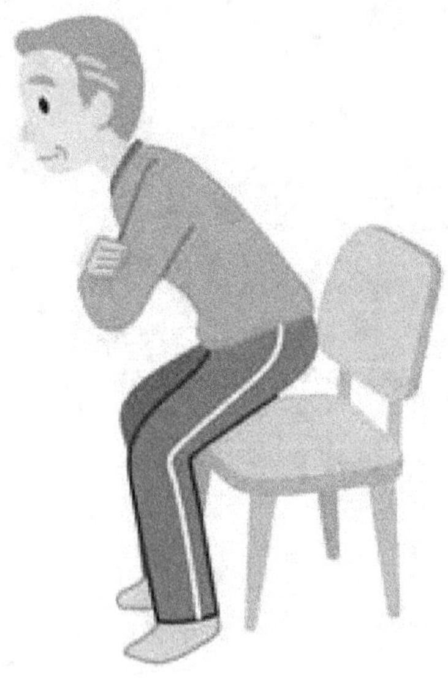

"Incrociare le braccia"

Incrociare le braccia è il gesto che palesa più chiusura in assoluto. Viene fatto quando si vuole mantenere, un distacco con la persona con cui stiamo dialogando, lo facciamo anche quando siamo in luoghi dove non conosciamo nessuno; si tratta di un segno di difesa e di chiusura.

Se assumerete questa posizione durante un colloquio di lavoro darete l'impressione di non essere felci di trovarvi lì, di non essere disposti ad ascoltare e interagire, questo rallenterà il colloquio rendendolo pesante e inconcludente!

Abbiamo appena visto una serie di comportamenti da evitare assolutamente, vediamo adesso alcuni **consigli per rendere migliore la nostra presentazione** nei confronti di chi ci sta esaminando:

"Mani aperte verso l'interlocutore"

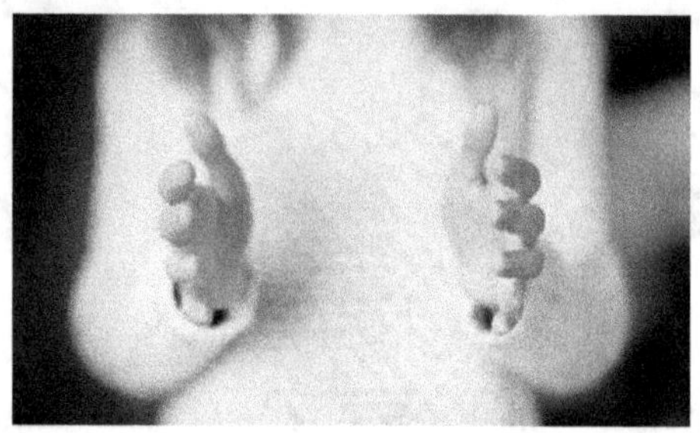

Tenete le mani aperte verso il vostro interlocutore, in questo modo trasmetterete serenità e tranquillità.

"Guardare negli occhi"

Guardate la persona negli occhi mentre state conversando, questo è estremamente importante per esprime grande sicurezza e rendere l'interazione più coinvolgente.

Distogliere continuamente lo sguardo è considerato sintomo di timidezza, ansia, nel peggiore dei casi può essere considerato come il comportamento di una persona disonesta che ha qualcosa da nascondere.

Durante un colloquio se saremo in grado di gestire lo scambio di sguardi con il nostro interlocutore, verremo considerate immediatamente persone sveglie e intelligenti, rispetto a coloro che fissano il suolo oppure il vuoto dando così l'impressione di aver paura di incrociare lo sguardo della persona che li sta esaminando, dovete assolutamente sforzarvi a mantenere un contatto visivo di buona qualità, con un pochino di allenamento riuscirete a gestire questo importantissimo fattore!

La Stretta di Mano nel Rapporto Lavorativo

Ricordate, priva vi ho parlato della stretta di mano, questo naturalmente vale anche durante i nostri colloqui di lavoro. La prima cosa che si fa quando si conosce una persona è quella di stringergli la mano presentandosi.

Una stretta solida e vigorosa crea un'idea positiva sul nostro interlocutore, l'impressione che possiamo generare dalla stretta di mano ad inizio del colloquio è decisiva, e si protrae per tutto il resto della selezione.

Una stretta di mano debole e fiacca risulta invece fastidiosa e potrebbe irritare il nostro interlocutore oltre a far trasparire da parte nostra timidezza e diffidenza.

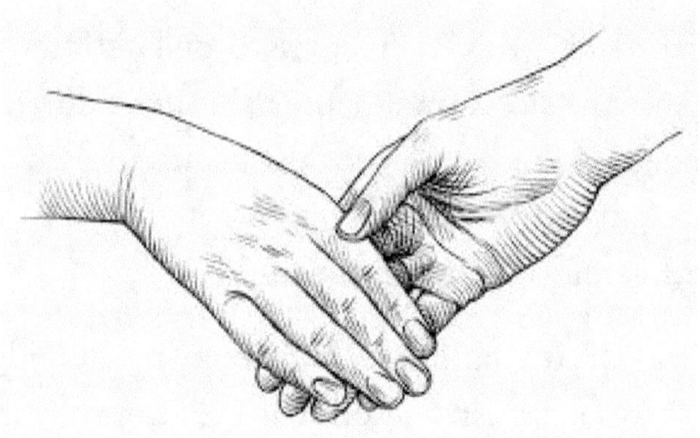

questo vale anche per una **stretta di mano esageratamente forte**, dovrete quindi essere in grado di trovare la giusta intensità. Se il gesto durerà troppo e sarà troppo potente, comunicherà la natura di una persona invadente…

…alcune persone stringono la mano talmente forte che sembra che il loro intento sia quello di stritolarcela facendoci del male. Questo è il segnale di un carattere arrogante e troppo deciso, meglio evitare una stretta di questo tipo durante il vostro colloquio di lavoro, vi farebbe sicuramente iniziare con il piede sbagliato.

Con questo semplice gesto di saluto indichiamo fin da subito la nostra vera natura, è quindi davvero importante lavorare su una buona presa perché rappresenta il nostro biglietto da visita.

Mettersi a Proprio Agio Durante il Rapporto Lavorativo

Riuscire a sentirsi a proprio agio è sicuramente un grande aiuto che trasmetta sicurezza e spigliatezza durante la conversazione, però mi raccomando senza esagerare, dovete sempre ricordarvi che siete in una situazione che richiede comunque certo tipo di rispetto e di etica, proprio per questo evitate di:

"Sedervi con le gambe aperte"

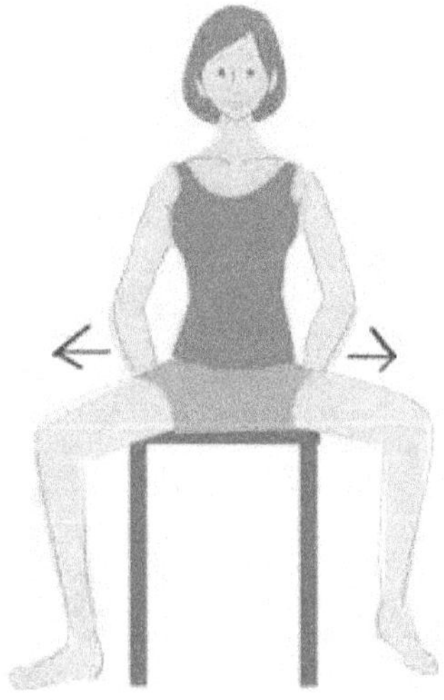

Sedersi con le gambe aperte, trasmetterà arroganza e insolenza al vostro esaminatore.

"Sedersi sulle mani"

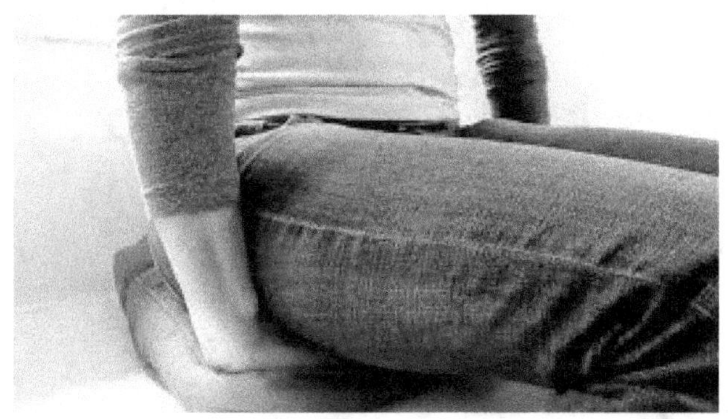

Gesti come sedersi sulle mani mostrano ed evidenziano una grande insicurezza, chiusura e difesa dal mondo.

"Sporgersi all'indietro"

Sporgersi eccessivamente all'indietro vi farà risultare troppo rilassato ed irrispettoso.

La Forza del Sorriso nel Mondo del Lavoro

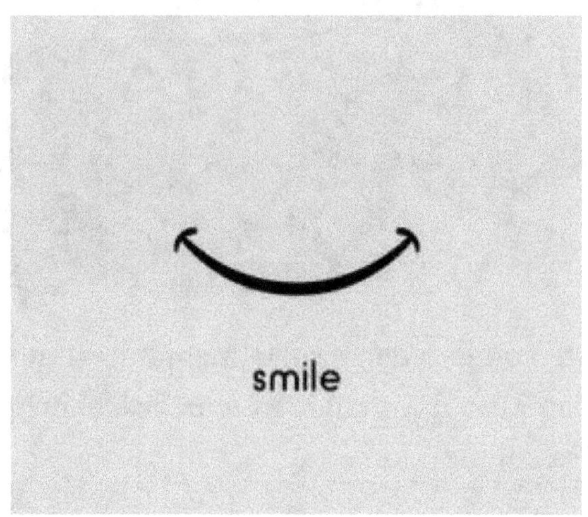

Sorridere è un messaggio universale di apertura, di disponibilità e di buone intenzioni, un gesto utile per rompere il ghiaccio e creare empatia con l'esaminatore.

Si tratta di un mezzo molto efficace e potente, proprio per questo dobbiamo saperlo calibrare ed usare in modo corretto.

Al colloquio di lavoro è importante presentarsi con un bel sorriso, daremo fin da subito l'idea di una persona che apprezza relazionarsi anche in ambito lavorativo, e riuscirete a conquistare subito il vostro selezionatore.

Un po' di simpatia sarà inoltre utile a metterti a tuo agio, allontanare la tensione aiutandoti ad essere te stesso. Apparirai cordiale e educato alla persona che ti sta selezionando, il che è fondamentale per essere preferito rispetto ai tuoi competitors.

...Però fate attenzione, questa strategia avrà successo solo se il vostro sorriso apparirà sincero, se farete un sorriso forzato, si viene percepiti subito come persone false ed è chiaro che non farete una buona impressione al vostro esaminatore.

Tutti noi abbiamo i nostri problemi ed è davvero difficile pensare di poter essere sempre sorridenti in maniera sincera, ma in certe situazioni è necessario esserlo, riuscire a mettere da parte tutti i cattivi pensieri e tirare fuori un bel sorriso è un potente biglietto da visita!

Controllare i Gesti, "l'Asso nella Manica"

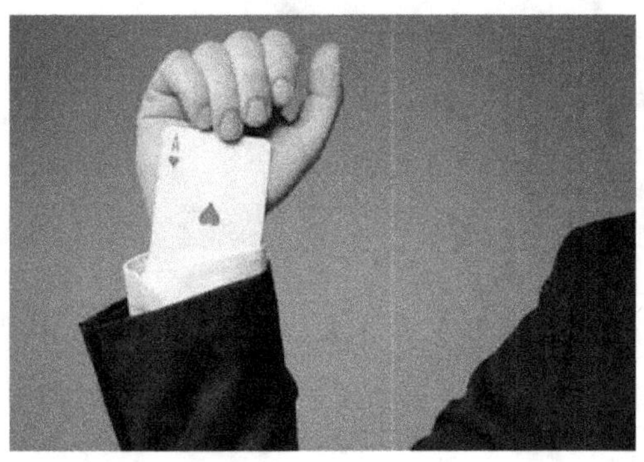

Quando parliamo o facciamo discorsi tendiamo ad accompagnare la parola con numerosi gesti del corpo. Sono movimenti che servono per enfatizzare quello che diciamo e avvengono per la maggior parte in modo inconscio, senza nemmeno rendercene conto.

Durante il colloquio il problema sorge, quando i nostri gesti non coincidono con le parole, il nostro interlocutore potrebbe così smascherare eventuali menzogne.

Gesticolare è utile, ma non dobbiamo mai esagerare o verremo percepiti come persone caotiche, insicure e non troppo sincere.

Non mangiarti mai le unghie.

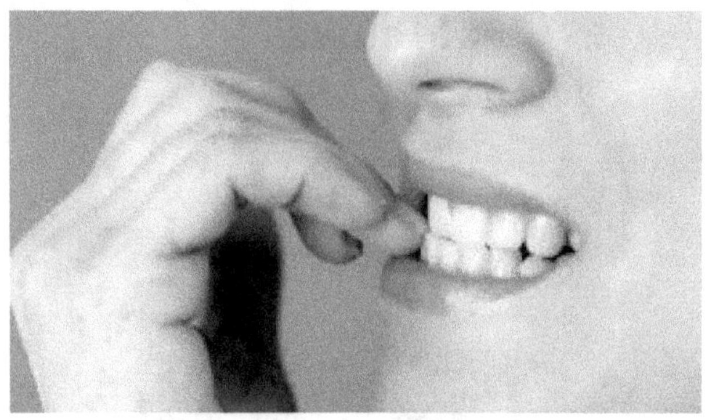

Non picchiettare con le dita sul tavolo e mantieni sempre il controllo.

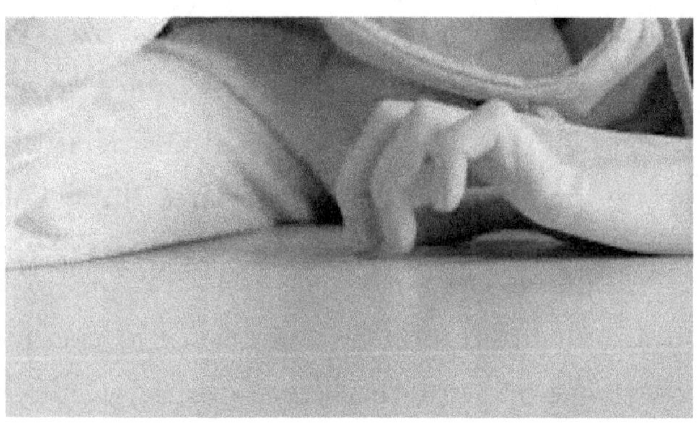

Come in tutte le occasioni della nostra vita, anche durante un colloquio di lavoro il nostro corpo comunica quello che a parole non vorremmo mai dire, la chiave del successo in questi casi è un **grande autocontrollo**.

Quando ci candidiamo per una determinata posizione di lavoro, ricordatevi che come prima cosa stiamo cercando di **vendere noi stessi**, ci proponiamo e ci esponiamo in prima persona…

…Dobbiamo saperlo fare in modo eccellente, questo è fondamentale perché la prima impressione che si fa è la più importante in assoluto, quella che farà decidere al selezionatore se saremo all'altezza del lavoro oppure no. Entro i primi cinque minuti un astuto selezionatore avrà già fatto un vostro quadro.

Ovviamente un buon curriculum con delle buone competenze è di sicuro di grande aiuto per l'assunzione, quello che però conta ancora di più è ciò che non si dice ma che si intuisce dal linguaggio del corpo che è un grandissimo strumento di comunicazione.

Io personalmente assumo i miei collaboratori sicuramente visionando il loro curriculum, ma soprattutto leggendo i loro gesti, preferisco assumere una persona con meno "titoli accademici" ma che abbia in compenso un carattere aperto con una forte voglia di dare il massimo sul lavoro.

Un grosso consiglio che vi do è quello di allenarvi prima di un colloquio, sulle risposte alle domande che quel giorno potrebbero porvi. In questo modo gestirete al meglio l'ansia del momento.

Come possiamo farlo?

Allenandoci a curare i nostri movimenti corporei per evitare di commettere degli errori banali che andranno a indisporre il nostro selezionatore.

Se alla fine del colloquio il selezionatore si tocca "come per rimuovere della polvere dal proprio abito" significa che il colloquio non è andato bene.

Se invece percepiamo che la controparte con la

quale stiamo comunicando è interessata a noi (grazie al linguaggio del corpo che esprime) diventerà ancora più facile entrarci in empatia, riuscendo ad entrare nelle sue grazie e a farci conquistare quell'ambito posto di lavoro.

Capitolo 9

Il Linguaggio del Corpo nella Vita Privata

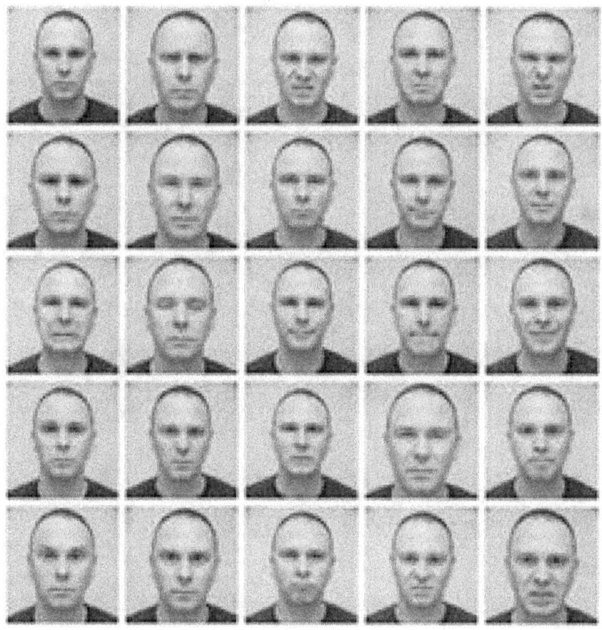

A differenza della sfera dell'ambito lavorativo, in quella privata i segnali sono spesso aperti e chiari, questo poi dipende da persona a persona e soprattutto se si sanno interpretare in modo eccellente determinate gestualità…

…In linea di massa capiremo facilmente se

qualcuno è interessato a noi o meno, se qualcuno ci trova simpatici oppure antipatici, questo ci permette di risparmiare molto tempo e di investirlo quindi nelle persone giuste.

Spesso ci capita di chiedere ad un amico la famosa frase "come stai?", la sua risposta è quasi sempre bene. Sarà vero quello che ci sta dicendo? Mmm scopriamolo subito!

Per capire se è vero o meno dovremmo fare ricorso alle micro espressioni ovvero le espressioni del volto visibili solamente per pochi istanti ma che ci mostrano la pura realtà dei fatti, quindi bisogna che stiamo molto attenti!

Come Gestire l'Aggressività Altrui

L'aggressività è quella tendenza che porta ad attaccare verbalmente e fisicamente gli altri per danneggiarli. Se ci troviamo davanti a qualcuno di molto agitato è normale che la nostra reazione sarà quella di agitarci a nostra volta.

Può essere difficile cercare di mantenere il controllo quando ci troviamo di fronte ad una persona aggressiva, ma è una cosa necessaria da fare poiché non siamo animali ed è giusto dialogare con calma ed educazione senza ricorrere agli insulti o alle maniere violente.

Bisogna essere in grado, come un artificiere di disinnescare la bomba ovvero la reazione della controparte e gestire al meglio la nostra.

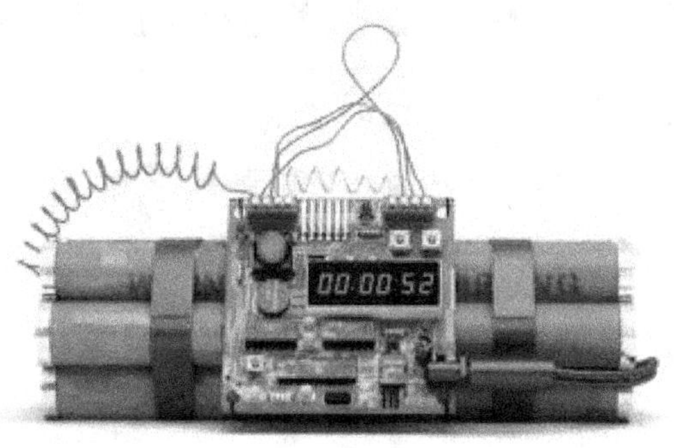

Per mantenere la calma è essenziale mettere la mano all'altezza della vita e compiere una serie di movimenti lenti con il palmo verso il basso. Con questo movimento gli state comunicando rilassati, calmati. Se dite queste cose a parole molto probabilmente otterrete esattamente l'effetto contrario, usare i gesti in questo caso è la soluzione migliore.

Sentirsi dire stai calmo quando una persona è molto agitata è come buttare benzina sul fuoco la fiamma sia alza ancora di più.

Come Smascherare i Truffatori

Nella vita di ogni giorno ci capita di incontrare dei truffatori, le classiche persone che cercano di fregarci.

Questi individui studiano con impegno strategia per portare a termine la loro missione, è fondamentale quindi individuare ed allontanare subito questo genere di persone dalla nostra cerchia.

I bugiardi alle prime armi, solitamente non riescono a guardare il loro interlocutore in maniera diretta negli occhi mentre comunicano con lui.

Se lo sguardo dell'interlocutore va alla tua

sinistra significa che ti sta inventando qualcosa, sta costruendo sul momento degli avvenimenti inesistenti.

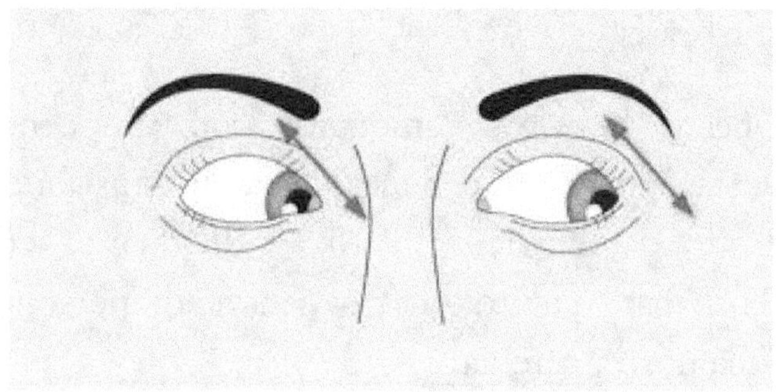

Se invece il suo sguardo va verso destra, allora sta cercando di ricordare avvenimenti realmente accaduti, quindi quello che sta dicendo è la verità.

Come ormai ben sapete il sorriso non mente mai, un sorriso sincero si riconoscere facilmente attraverso "gli occhi che ridono" e il volto che trasmette positività. Quindi questo è un chiaro segnale che la persona davanti a voi NON sta fingendo.

Un sorriso invece che è forzato e falso è riconoscibile dal fatto che solo gli angoli della bocca si muovono verso l'alto, gli occhi e il viso rimangono immobili. In questo caso fate molta attenzione, molto probabilmente non siete di fronte ad una persona vera!

Dovete sapere che più una persona mente più diventa brava a mentire e con il tempo commetterà sempre meno errori involontari.

Un segnale che indica che abbiamo davanti una persona che ci sta mentendo è che si toccherà spesso il naso, le bugie fanno aumentare la pressione sanguinea facendo dilatare leggermente il naso, la conseguenza è che si scalda e inizia a prudere.

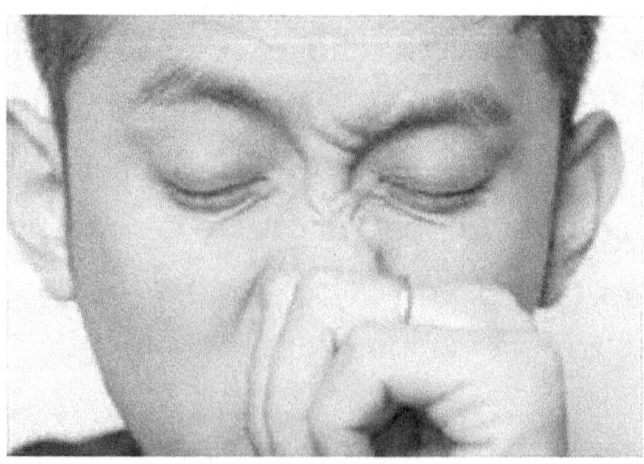

Le persone che mentono sono spesso agitate, sbattono in continuazione le palpebre in modo intenso, sorridono in maniera non naturale e tendono ad incrociare le braccia come difesa.

Alcuni possono anche agitare una parte del loro corpo in modo ossessivo come ad esempio il piede, sbattendolo costantemente al suolo.

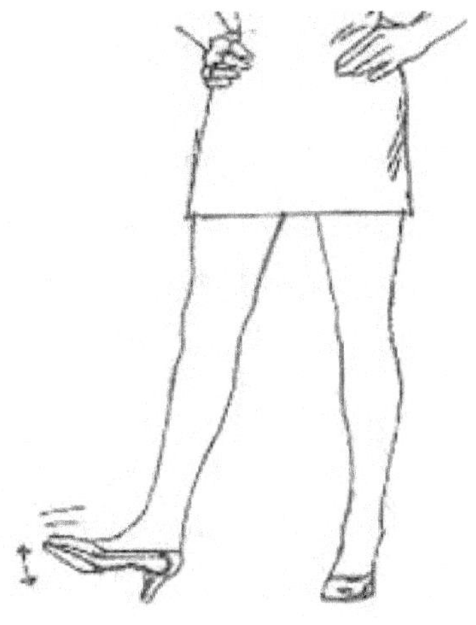

Altro campanello di allarme potrebbe essere rappresentato da un'elevata sudorazione, mentire fa sudare crea agitazione.

Solitamente questo fenomeno viene spesso proposto nei cartoni animati, i personaggi che mentono sono animati con delle goccioline di sudore che gli scendono dalla fronte.

Facciamo anche molta attenzione alle micro espressioni, poiché durano davvero pochissimi secondi ma sono in grado di rilevare la verità assoluta della persona che abbiamo di fronte.

Per individuare un bugiardo dobbiamo quindi tenere ben aperti gli occhi sul suo corpo ed ascoltare bene le sue tonalità di voce.

Le persone che mentono, provano tre emozioni diverse, **paura, ansia e senso di colpa,** le manifestazioni del corpo di queste emozioni o stati d'animo avvengono tutte sulla parte superiore del corpo, nello specifico tra la **testa e collo.**

Ecco gli atteggiamenti che dovete prendere sempre in considerazione:

Difficoltà nel deglutire oppure continuare a farlo continuamente, un sintomo di agitazione anche in questi casi è bere l'acqua, potrebbe accadere che l'acqua gli vada di traverso perché le sue vie respiratorie sono rigide per via dell'ansia, questa è una prova schiacciante che smaschererà colui che vi sta mentendo!

Mentire può provocare uno stato d'ansia talmente forte che sembra che il fiato non salga più. La persona che mente potrebbe iniziare ad aprire la bocca continuamente in cerca di aria.

Fate attenzione al fattore di **"schiarirsi la voce"** dando ogni tanto colpi di tosse, la voce di chi mente diventa più flebile a causa dell'imbarazzo e le corde vocali tendono a diventare rigide e proprio per questo si tossisce.

Mordere il **labbro** oppure stringere le labbra, tirarle verso l'esterno, giocare con la lingua, sono tutti chiari segnali di tensione di chi sta mentendo.

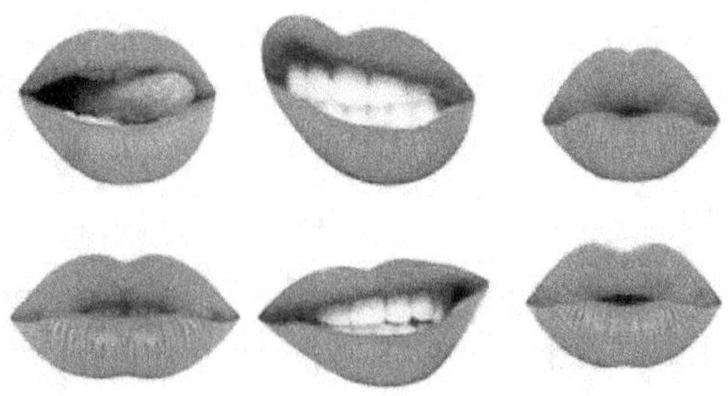

Ricordatevi che alla menzogna bisogna controllare la reazione del corpo che contrariamente cerca di esprimere sempre la verità, questa è sicuramente la parte più difficile del mentire.

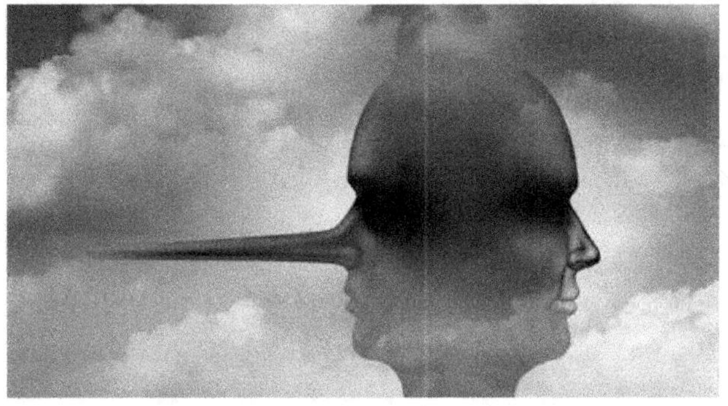

Anche se i bugiardi hanno preparato bene il loro discorso che vogliono propinarci, restano sempre sul vago per evitare di scendere in dettagli e particolari che potrebbero in seguito ripercuotersi contro di loro, così facendo si auspicano che non gli si pongano troppe domande.

Quindi fate attenzione a chi prova a mantenersi sempre sul vago, se non siete sicuri di qualcosa, non abbiate paura a fare domande dettagliate per capire se questa persona è vera oppure no!

Un altro elemento che può incastrare chi sta mentendo sono le **"esitazioni verbali"**, ripetere ad esempio sempre le stesse parole, fare pause troppo lunghe tra un discorso ed un altro sono sintomi che non dobbiamo mai sottovalutare.

Durante quelle pause si sta inventando cosa dovrà dirvi per potervi fregare cercando di convincervi che vi sta dicendo la verità.

Il mentitore professionista non gesticola, si impegna continuamente a mantenere la compostezza e l'ordine come se niente fosse, farà in modo di apparirvi il più sincero possibile.

Il nostro compito sarà quello di osservarlo

dettagliatamente, ci accorgeremo che sicuramente almeno una parte del suo corpo prima o poi lo tradirà svelando la verità.

Come Smascherare un Tradimento

Il tradimento è la più dolorosa delle bugie, le menzogne che sono legate ai tradimenti sentimentali sono le più difficili da accettare e sono anche quelle dette più frequentemente.

Vediamo quali sono i segnali che smascherano il tradimento da tenere sempre in considerazione.

Tenere il cellulare sempre vicino e non lasciarlo mai solo, lasciare la suoneria abbassata, cosi se dovesse arrivare un messaggio compromettente il compagno o la compagna non verrebbe a sospettare nulla.

Uscire spesso senza dire esattamente dove si va e tornare tardi.

Diminuzione del dialogo, dei momenti intimi, rifiuto quindi del compagno o della compagna.

Tutto poi dipende molto dal carattere, ci sono ad esempio persone che per natura sono propense a mentire e altre che non ne sono in grado, vediamo quindi quali sono i tipi di personalità che sono propensi a mentire.

"Il soggetto manipolatore"

Nessuno meglio di lui è capace di cambiare versioni e carte in tavola con abilità e destrezza, riesce a farti sentire in colpa anche se la colpa è la sua. Si tratta di una persona in grado di controllare molto bene il proprio corpo e le sue reazioni, ed ancora meglio sa regolare le azioni degli altri soggetti con cui entra in contatto.

"Il soggetto Machiavellico"

Lo riconoscete perché di solito è una persona rilassata, dominavate, intelligente, popolare, insomma l'uomo o la donna perfetto/a.

Dietro questa facciata nella realtà si nasconde una persona in grado di manipolare con grande maestria, un calcolatore disposto a tutto per raggiungere i propri obbiettivi.

"Il soggetto mitomane"

Esagera su tutto quello che racconta, il suo unico obbiettivo è quello di impressionare gli altri.

Non necessità di prepararsi in via anticipata le bugie che andrà dicendo in giro a spacciare come realtà, è in grado di inventarsele sul momento. Racconta così tante bugie che alla fine viene sempre smascherato senza troppa fatica.

"Il narcisista"

Lo individueremo per via della sua postura che è assolutamente retta e composta e del suo carattere vanitoso ed egocentrico.

Si tratta di una persona piena di se, ha bisogno di continue conferme ed elogi, inventerebbe e farebbe qualsiasi cosa pur di averli. Sarà molto convincente nei suoi racconti che in realtà nascondono menzogne.

Mentire oggi è all'ordine del giorno, le persone a furia di farlo con la pratica stanno diventano sempre più brave. Nel nostro tipo di società, non ci possiamo fidare quasi di nessuno, se non di noi stessi.

Noi siamo lo strumento di analisi migliore, dobbiamo solo essere allenati ad utilizzare al meglio le nostre capacità di lettura del linguaggio del corpo altrui.

Capitolo 10

La Comunicazione non Verbale del Sonno

Ebbene Si! Anche quando dormiamo comunichiamo, e chissà quante cose potremmo scoprire sugli altri e sul loro conto semplicemente guardandoli dormire.

Il Dottor Samuel Dunkell, psichiatra americano, ha realizzato sua ricerca su questo affascinante argomento, scoprendo che il nostro corpo continua a mandare dei segnali anche mentre dormiamo!

Dunkell, sostiene che l'atteggiamento che una persona assume nel sonno, nasconde in realtà un potente messaggio non verbale di quel determinato individuo.

Coloro che dormono in **posizione fetale** raggomitolati su loro stessi, manifestano un grande bisogno di protezione, il desiderio di certezze di qualcosa di solido e permanente su cui poter costruire la propria vita.

Dormire proni, distesi sulla pancia, indica essere persone che non amano subire improvvisi cambiamenti nella loro vita, hanno semplicemente bisogno di controllare gli eventi mantenendo la solita routine.

Dormire supini, quindi a pancia in su, significa essere persone sicure di se stesse, con una personalità forte, che va senza problemi incontro a quello che la vita gli mette davanti.

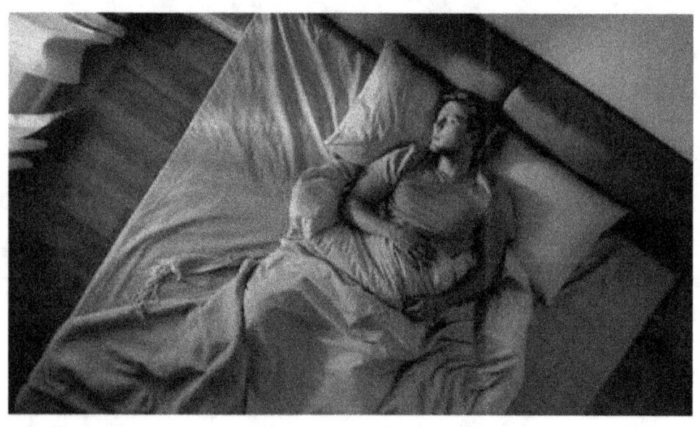

La maggior parte di noi in ogni caso non dorme in queste posizioni, uno studio americano dell'Università di Harvard ha dimostrato che la maggioranza delle persone (circa il 75%)

dorme in una posizione che viene chiamata, **semi-fetale**, ossia sdraiata su un fianco con le ginocchia leggermente flesse.

Questa posizione è prima di tutto funzionale, ci permette infatti di rigirarci sull'altro fianco senza grande fatica, questa posizione comunica la capacità di avere un istinto di protezione ma che non ci chiude completamente verso l'esterno, le persone che assumono questa posizione sono persone razionali, che si adattano bene alla realtà in cui vivono e si relazionano in maniera normalissima con le persone con cui hanno a che fare ogni giorno.

Capitolo 11

Pensiero Positivo = Azioni Positive

Il linguaggio del corpo trae origine dalla nostra mente e dai nostri pensieri. Se faremo un pensiero positivo, questo porterà a farci compiere delle azioni positive, se compiremo un pensiero negativo, questo porterà a farci compiere delle azioni negative.

Il movimento va sempre in direzione del nostro stato d'animo, lo stato d'animo che noi sentiamo in quel determinato momento.

Il nostro cervello, lavorando tramite i neuroni crea i nostri pensieri che dopo un percorso abbastanza lungo, portano il corpo a percepire azioni fisiche collegate ai sentimenti che proviamo. Vi faccio 2 esempi che avrete vissuto sicuramente anche voi:

"Bruciore di stomaco"

Quando abbiamo un grande peso che ci tormenta dentro di noi, lo stomaco è l'organo coinvolto ed in questo caso proveremo un bruciore di stomaco.

"Sudorazione"

L'aumento della sudorazione di diverse parti del nostro corpo, avviene per via dell'aumento della pressione e del contrasto con le ghiandole sudoripare, sono coinvolti, mani, fronte e ascelle succede quando stiamo mentendo o ci troviamo a disagio.

CONCLUSIONE

Per apprendere il linguaggio del copro al meglio dobbiamo ricordarci di fare davvero tanto allenamento e tantissima pratica, l'allenamento deve essere costante, non dobbiamo mai fermarci…

…è esattamente come fare palestra, più ci si allena e più i muscoli diventano forti e tonici, ma se ci fermiamo per troppo tempo i nostri muscoli torneranno nuovamente fiacchi, la stessa identica cosa vale anche per lo studio del linguaggio del corpo!

Mi raccomando ricordatevi di non prendere mai in considerazione i singoli movimenti ma l'insieme di tutti, questo sarà indispensabile per poter dare una valutazione corretta del soggetto che abbiamo davanti.

Non dovete far notare al vostro interlocutore che lo state osservando e scrutando dalla testa ai piedi, dovete imparare ad agire in discrezione, alle persone non piace sapere di essere sotto esame, all'inizio potrà sembrare difficile osservare tutto per bene e farlo in maniera rapida e composta, ma vi assicuro che con il tempo e la costanza tutto diventerà più semplice e naturale.

Quando arriverete ad un buon livello di allenamento, questa capacità vi farà risparmiare un sacco di tempo, perché capirete immediatamente quello che la persona che vi sta davanti pensa realmente su di voi, in ogni aspetto della vita sia privata che lavorativa.

Lo studio del linguaggio del corpo è un modo per capire bene anche se stessi, inizierete a fare caso ai vostri movimenti e sempre con la costanza e la pratica inizierete a controllarli, imparerete sicuramente a conoscervi di più rispetto a quanto vi conosciate ora.

Lavorare sui propri comportamenti non significa che state imparando a mentire o che imparerete a recitare e a non far cosi trasparire i vostri sentimenti più profondi, significa semplicemente capire quali sono i problemi…

…imparare a superarli lasciarli finalmente andare per potersi muovere senza pensieri e senza avere la paura di auto tradirsi mentre stiamo facendo conversazione con qualcuno.

Quello che il nostro corpo mostra ricordatevi bene che è sempre molto più approfondito e accurato rispetto a quello che comunichiamo con il linguaggio verbale.

Possiamo imparare a capire molte cose di una

persona ancora prima che questa cominci ad aprire la bocca e a parlare.

Attraverso le parole possiamo ferire i sentimenti dell'interlocutore cosi come lo possiamo fare anche attraverso i nostri gesti, il nostro corpo è paragonabile al comportamento di bambino, dice sempre la verità inconsciamente.

Non dimentichiamo che il linguaggio del corpo risale infatti all'inizio dei tempi, prima ancora che le persone cominciassimo a comunicare anche attraverso la parola, allora la comunicazione avveniva soltanto tramite dei gesti, proprio per questo motivo ancora oggi sono una parte indispensabile dell'uomo.

Senza i movimenti nostro corpo sarebbe davvero difficile interpretare alcune situazioni e comportamenti, come abbiamo visto non sempre la voce è sufficiente per fare chiarezza.

Il vero scopo finale dell'analisi dei movimenti del nostro corpo e del suo linguaggio, non è soltanto quello di essere in grado di giudicare la persona che abbiamo davanti a noi…

…ma quello di riuscire a capirla di entrare in sintonia con lei, di avvicinarci e poter trovare il giusto punto di incontro, superando inconvenienti che si presentano comunemente quando ci troviamo a discutere con gli altri.

Tutti noi desideriamo instaurare rapporti piacevoli e pacifici con gli altri, per poter fare questo capire la gestualità è fondamentale ed eviteremo di sprecare del tempo con chi non lo merita.

Molto spesso dietro ad una reazione brusca della persona che abbiamo di fronte, potrebbe esserci in realtà solo la necessità di rompere il ghiaccio per poter far sentire meglio il nostro interlocutore.

La realtà è che siamo tutti diversi e questa è la cosa più bella e meravigliosa di questo mondo, pensate che potremmo analizzare centinaia di migliaia di comportamenti, di sfumature diverse, ognuno di noi è unico nel suo genere anche se apparentemente abbiamo tutti lo stesso tipo di movenze del corpo.

Un allenamento che voglio consigliarvi è questo:

Cominciate a ricordare e pensare come vi siete comportati durante la vostra ultima conversazione, come erano posizionati ad esempio i vostri piedi?

Come erano posizionate le vostre braccia?

Come erano posizionate le vostre spalle?

Avete stretto la mano della persona che vi stava davanti in maniera forte o in maniera debole?

Riuscire a ripensare a questo e dare una risposta a questi quesiti è sicuramente un ottimo inizio di allenamento, e dopo averlo fatto cercate di capire dove avete sbagliato.

Un altro modo per allenarsi, è cominciare ad

osservare i vostri amici, i vostri colleghi sul posto di lavoro, i personaggi televisivi e cercare di analizzarli, fatelo come se fosse un gioco, vi garantisco che sarà anche molto divertente.

Utilizza lo spazio che vedi qui sotto per aiutarti a creare il profilo della persona che vuoi "esaminare", inizialmente ti sarà di grande aiuto, con la pratica vedrai che riuscirai a fare tutto in tempo reale senza la necessità di prendere appunti.

PS: Ah…dimenticavo solo un'ultima cosa, per me molto importante…se ti è piaciuto questo manuale, ti chiedo gentilmente di lasciare una recensione a 5 stelle.

Lo so, per te significa perdere un minuto del tuo tempo, ma per me significherebbe molto e saresti di grande aiuto per tutto il lavoro da me svolto.

BUONA VITA!

NOTE

www.ingramcontent.com/pod-product-compliance
Lightning Source LLC
Chambersburg PA
CBHW070700250726
48662CB00001B/213